我 ❤ 蜜獾

Wo ai mi huan

Shijie shang zui wu suo weiju de dongwu
世界上最无所畏惧的动物

文·图 横田 贵子

蜜 獾　mi huan（别号：平頭哥　pingtou ge）

分类：鼬（you）科動物、蜜獾屬下唯一一種

学名：Mellivora capensis

英文：Honey Badger

体长：约 80 ～ 110 厘米

【蜜獾的特征】

Tou shi bianping de
头是扁平的

Congtouding,hou bei yizhi dao weiba
从头顶、后背一直到尾巴、

changzhe yitiao kuan kuan de bai mao
长着一条宽宽的白毛

Kan dao gaoda de shizi、
看到高大的狮子、
liegou, ta yidian er dou bupa,
鬣狗，他一点儿都不怕，
haishi zou ziji de lu!
还是走自己的路！

Ta danzi da, yinwei ta de
他胆子大，因为他的
pi you hou you ying,
皮又厚又硬，
dongwumen yao bu dong, zhua bupo!
动物们咬不动，抓不破！

「Shijie shang zui wu suo weiju de dongwu」

「世界上最无所畏惧的动物」

bei ji nisi shijie jilu daquan renzheng

被吉尼斯世界纪录大全认证

Mi huan, shenme dou chi.
蜜獾什么都吃。

yanjing kan dao de dongxi, zhiyao chi de,
眼睛看到的东西，只要是吃的，

ta dou neng qingsong chi xiaqu.
他都能轻松吃下去。

Zuixihuan chide shi mifeng!
最喜欢吃的是蜂蜜！

Dan ta meiyou banfa zhaodao
但是没有办法找到

mifeng wo.
蜜蜂窝。

Yinci, ta wen hei hou mi lie
因此，他问黑喉蜜䴕，

mifeng wo zai nali?
蜜蜂窝在哪里？

Haobu rongyi zhaodaole mifeng wo
好不容易找到了蜜蜂窝

Dangran zao dao mifeng fanji, fenfen fei xiang ta dingyao

当然遭到蜜蜂反击，纷纷飞向他叮咬。

但不管蜜蜂叮咬得多厉害,他也不放开蜂蜜!!

Mi huan

蜜 獾

别 称：Honey Badger

Xihuan chi Fengmi de huan

「喜欢吃蜂蜜的獾」

Honey＝蜂 蜜

badger＝獾

Naxie haoxiang neng chi de dongxi
那些好像能吃的东西，
mi huan jian dao shenme jiu chi shenme
蜜獾见到什么就吃什么。

Youdu de yanjingshe　ta ye chi

有毒的眼镜蛇，他也吃。

中了蛇毒，他浑身发麻。

中了眼镜蛇的毒,不是会死吗?!

Ni wanquan xiangbudao, ta zhishi huishen fa ma!
你完全想不到,他只是浑身发麻!

Ting yihuir,
停一会儿,
ta jiu you kaishi chile
他就又开始吃了。

Zhongle yanjingshe de du, ta buhuisi
中了眼镜蛇的毒，他不会死

shizi, liegou, ta yidian dou bupa
狮子，鬣狗，他一点都不怕

bei ji nisi shijie jilu daquan renzheng wei
被吉尼斯世界纪录大全认证为

「Shijie shang zui wu suo weiju de dongwu」
「世界上最无所畏惧的动物」

Wo　　　ai　　　　　　mi huan
我  蜜 獾

【作　者】

横田贵子（Hengtian Guizi）

毕业于武蔵野美术大学视觉传达设计专业

我♥蜜獾 世界上最无所畏惧的动物

Wo ai mi huan　Shijie shang　zui wu suo weiju de dongwu

２０１９年２月２７日　初版発行

作・絵：横田贵子（Hengtian Guizi）

定価（本体価格１,８５０円＋税）

発行所　　株 式 会 社　　三 恵 社

〒462-0056　愛知県名古屋市北区中丸町 2-24-1

TEL　052(915)5211

FAX　052(915)5019

URL　http://www.sankeisha.com

ISBN978-4-86487-995-8 C8793 ¥1850E

©Hengtian Guizi